中华人民共和国推荐性行业标准

公路桥梁施工监控技术规程

Technical Specifications for Construction Monitoring and Control of Highway Bridges

JTG/T 3650-01—2022

主编单位：招商局重庆交通科研设计院有限公司
批准部门：中华人民共和国交通运输部
实施日期：2023年01月01日

人民交通出版社股份有限公司
北 京

图书在版编目（CIP）数据

公路桥梁施工监控技术规程：JTG/T 3650-01—2022/招商局重庆交通科研设计院有限公司主编. — 北京：人民交通出版社股份有限公司, 2022. 10

ISBN 978-7-114-18268-6

Ⅰ. ①公… Ⅱ. ①招… Ⅲ. ①公路桥—桥梁施工—技术规范—中国 Ⅳ. ①U448. 145. 1-65

中国版本图书馆 CIP 数据核字（2022）第 190459 号

标准类型：中华人民共和国推荐性行业标准
标准名称：公路桥梁施工监控技术规程
标准编号： JTG/T 3650-01—2022
主编单位： 招商局重庆交通科研设计院有限公司
责任编辑： 周佳楠
责任校对： 孙国靖　宋佳时
责任印制： 张　凯
出版发行： 人民交通出版社股份有限公司
地　　址：（100011）北京市朝阳区安定门外外馆斜街 3 号
网　　址： http://www.ccpcl.com.cn
销售电话：（010）85285857
总 经 销： 人民交通出版社股份有限公司发行部
经　　销： 各地新华书店
印　　刷： 北京市密东印刷有限公司
开　　本： 880 × 1230　1/16
印　　张： 2. 5
字　　数： 56 千
版　　次： 2022 年 10 月　第 1 版
印　　次： 2025 年 6 月　第 1 版　第 2 次印刷
书　　号： ISBN 978-7-114-18268-6
定　　价： 40. 00 元
（有印刷、装订质量问题的图书，由本公司负责调换）

中华人民共和国交通运输部

公　　告

第 57 号

交通运输部关于发布《公路桥梁施工监控技术规程》的公告

现发布《公路桥梁施工监控技术规程》（JTG/T 3650-01—2022），作为公路工程推荐性行业标准，自 2023 年 1 月 1 日起施行。

《公路桥梁施工监控技术规程》（JTG/T 3650-01—2022）的管理权和解释权归交通运输部，日常管理和解释工作由主编单位招商局重庆交通科研设计院有限公司负责。

请各有关单位注意在实践中总结经验，及时将发现的问题和修改建议函告招商局重庆交通科研设计院有限公司（地址：重庆市南岸区学府大道 33 号，邮政编码：400067）。

特此公告。

中华人民共和国交通运输部

2022 年 10 月 8 日

交通运输部办公厅　　2022 年 10 月 12 日印发

前　言

根据《交通运输部办公厅关于下达2012年公路工程标准制修订项目计划的通知》（厅公路字〔2012〕184号）的要求，由招商局重庆交通科研设计院有限公司承担《公路桥梁施工监控技术规程》（JTG/T 3650-01—2022）（以下简称“本规程”）的制定工作。

编写组在全面总结公路桥梁施工监控工作经验、广泛征求全国相关单位和专家意见的基础上，针对公路桥梁施工监控中的控制计算、施工监测、数据分析与反馈控制等主要工作，作出了具体的规定。

本规程共包括7章和1个附录，具体内容为：1 总则、2 术语、3 基本规定、4 控制计算、5 施工监测、6 数据分析与反馈控制、7 监控成果，附录A 桥梁施工监测常用记录表。

本规程由黄福伟负责起草第1章，郑万山、庄卫林负责起草第2章，张显明负责起草第3章，李传习、许晓锋负责起草第4章，陈斌、黄福伟负责起草第5章，向中富、齐铁东负责起草第6章，唐光武、周勇军负责起草第7章，程伟负责起草附录A。

请各有关单位在执行中，将发现的问题和意见，函告本规程日常管理组，联系人：黄福伟、张显明（地址：重庆市南岸区学府大道33号，邮编：400067；电话：023-62653531；传真：023-62653531；电子邮箱：zhangxianming@cmhk.com），以便修订时参考。

主 编 单 位： 招商局重庆交通科研设计院有限公司
参 编 单 位： 重庆交通大学
长沙理工大学
长安大学
交通运输部公路科学研究院
四川省交通运输厅公路规划勘察设计研究院

主　　　编： 黄福伟
主要参编人员： 许晓锋　向中富　李传习　陈　斌　张显明　周勇军
齐铁东　庄卫林　唐光武　郑万山　程　伟

主　　　审： 贺拴海

参与审查人员： 张建军　陈　冉　刘孝辉　蒲黔辉　李关寿　汪双炎
方　志　田克平　张革军　石大为　程卫军　刘安双
李德坤　吕建鸣　李海鹰　钟明全　李正良　杨寿忠

参 加 人 员： 黄海东　张玉平　向学建　吴　涤　韩坤林

目　次

1　总则

1.0.1　为适应公路桥梁施工监控需要，提高施工监控水平，保障工程质量和安全，制定本规程。

1.0.2　本规程适用于各等级公路的新建和改扩建桥梁的施工监控。

条文说明

对施工技术难度大、施工风险高的桥梁，一般需要进行施工监控工作。

如斜拉桥和悬索桥，因其结构复杂、跨径普遍较大，且施工过程复杂、技术难度较大，一般情况下需要进行施工监控。

对组合体系桥梁、采用转体施工、顶推施工及节段预拼施工的桥梁，因其结构复杂或施工工艺复杂，施工过程中结构受力体系不断变化，施工难度较大，也需要进行施工监控。

对梁桥（连续刚构桥、连续梁桥）和拱桥，如果设计文件要求，或者由于跨径大、技术复杂、施工风险高等原因，业主或相关管理部门要求进行施工监控，也需要进行施工监控。

1.0.3　公路桥梁施工监控应根据结构特点和施工方法，对桥梁结构的内力状态和几何状态进行监测及控制。

1.0.4　桥梁施工监控应积极推广使用可靠的新技术、新设备，施工监控宜与结构监测统筹考虑。

条文说明

随着“智慧工地”“智能建造”的发展和应用，数字化［如建筑信息模型（BIM）］、人工智能、5G等新技术以及智能化监测设备等新设备在桥梁施工监控中得到逐步应用。

统筹考虑施工监控与结构监测，如测点（包括传感器、采集仪器）共用、数据传承、系统融合等，也随着桥梁结构监测系统的快速推广应用而受到重视，不仅可以节约综合成本，还可以为结构监测提供更多原始数据。

1.0.5 公路桥梁施工监控除应符合本规程的规定外，尚应符合国家和行业现行有关标准的规定。

2 术语

2.0.1 施工监控 construction monitoring and control

为控制桥梁结构施工过程的结构状态，实现成桥结构内力状态与几何状态目标而进行的控制计算、施工监测、数据分析与反馈控制等工作的总称。

2.0.2 控制计算 calculation for control

为获得桥梁施工过程结构内力状态和几何状态，对桥梁结构进行的设计符合性计算、施工模拟计算、施工跟踪计算和参数敏感性分析。

2.0.3 反馈控制 feedback control

通过识别与分析已成结构实际状态与其预测状态间的误差，对桥梁施工状态进行判别，并根据判别结果对后续施工控制参数进行的调整。

2.0.4 制造构形 manufacture shape of structure

构件的制造外形和几何尺寸。

2.0.5 几何状态 geometry state

桥梁结构或构件的高程、位置、线形、构形等。

2.0.6 内力状态 internal force state

桥梁结构或构件的应力、索力等的状态。

2.0.7 成桥状态 accomplishment state of bridge

二期恒载施加完成后的桥梁结构内力状态和几何状态。

2.0.8 成桥目标线形 accomplishment target alignment of bridge

二期恒载施加完成后预期实现的结构（如桥面、主梁、主拱、主缆、索塔等）线形，是桥梁交工时结构线形的验收标准。

3 基本规定

3.0.1 桥梁施工监控实施前，应依据正式设计文件和经批复的施工组织设计编制监控方案。

3.0.2 桥梁施工监控应包括控制计算、施工监测、数据分析与反馈控制。

3.0.3 桥梁施工监控宜按资料收集、监控方案编制、设计符合性计算、施工模拟计算、现场施工监测、施工跟踪计算、数据分析、反馈控制及提交监控成果的流程进行。

条文说明

资料收集是桥梁施工监控的前期工作，资料的完整性与准确性关系到后续具体工作的质量。资料一般包括设计文件、相关规范、施工组织设计及相关的试验研究成果等。

监控成果是桥梁施工监控工作成果的具体体现，包括施工监控方案、施工监控计算报告、施工监控阶段报告、施工监控总报告及施工过程中提交的相关监测数据与反馈控制文件等。

3.0.4 桥梁施工监控成果应作为桥梁交工资料，纳入桥梁技术档案。

4 控制计算

4.1 一般规定

4.1.1 施工控制计算应包括设计符合性计算、施工模拟计算、施工跟踪计算和参数敏感性分析。

条文说明

设计符合性计算的工作流程一般归纳为图4-1。

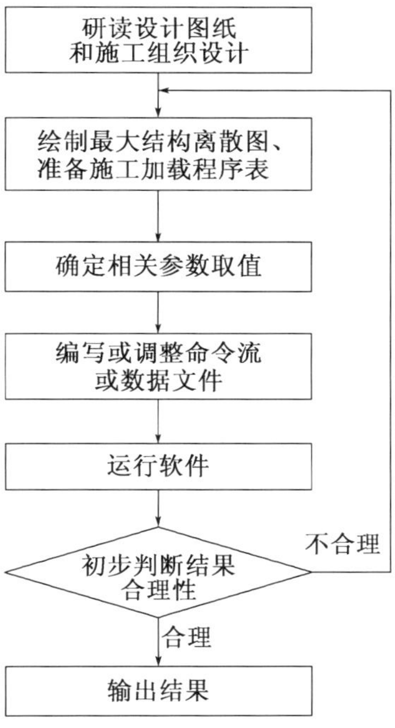

图4-1 设计符合性计算工作流程

设计符合性计算、施工模拟计算和施工跟踪计算的施工加载程序表的细化程度和参数取值方法可以有所不同。

结构离散图包括施工全过程的所有节点和所有单元，其节点设置和单元设置能涵盖桥梁施工的所有阶段。

施工加载程序表是反映桥梁分阶段结构形成过程的包括结构构件或单元的增减变化、结构构件截面变化、边界条件与耦合条件的变化、荷载变化及其相应时间的信息表，它的绘制与结构离散图的编写、修改是一个交互的过程。

参数敏感性分析是桥梁结构对自身的材料参数、结构参数以及外在的荷载参数和环境参数等的敏感性计算分析。通过参数敏感性分析得到桥梁结构对不同参数的敏感程度，对施工过程中敏感性高的参数进行严格控制。

4.1.2 施工控制计算应采用可靠的理论和方法。

条文说明

可靠的理论和方法是指经过实践、试验或其他可靠途径检验、验证的理论与方法，常用的计算理论和方法有线弹性理论、非线性理论、等效方法、简化方法等。

4.1.3 施工控制计算应考虑施工设施对桥梁结构的影响，以及施工过程中边界条件、结构参数、作用荷载等的变化，并计入混凝土收缩和徐变、预应力钢筋松弛等的影响。

4.2 控制计算内容

4.2.1 设计符合性计算应依据设计文件及选取的合理计算参数，考虑施工过程，进行主体结构强度、刚度和稳定性计算。计算结果应与设计值进行比对，确认计算模型及参数的正确性。

4.2.2 施工模拟计算应依据施工组织设计确定的施工顺序和施工荷载，根据相关试验成果，修正计算模型和计算参数，进行施工过程计算。

条文说明

施工模拟计算的目的是得到各施工阶段及成桥状态的结构内力和几何等控制计算目标数据。

4.2.3 施工跟踪计算应根据实际的施工流程，按照监测数据分析、反馈控制更新计算参数，进行施工过程计算。

条文说明

施工跟踪计算的目的之一是从保障受力安全和实现成桥目标状态的角度，验证施工方案的合理性；目的之二是确定后续的合理施工状态，并得到后续各施工阶段及成桥状态的结构内力和几何等控制计算目标数据。

4.2.4 参数敏感性分析宜在施工模拟计算和施工跟踪计算的模型上进行，分析参数变化对计算结果的影响程度。

条文说明

参数敏感性分析的目的是掌握控制计算模型中计算参数对计算结果的敏感性，明确施工监控关注的重要参数；确定重要参数的最大容许误差，评价其对线形和内力的影响。常用的敏感性参数有结构自重、温度、加载龄期、缆索支承桥梁的索力等。

4.3 控制计算要点

4.3.1 控制计算可采用平面杆系计算模型；对空间效应明显的桥梁，应建立空间模型进行计算。

条文说明

施工监控的目的是保障桥梁施工过程安全，使成桥后的线形与内力符合设计和规范要求。因此，施工控制计算主要针对桥梁整体结构的变形和内力，一般情况下，采用平面杆系计算模型能满足要求。

对曲线桥梁、宽幅箱梁等桥梁，采用平面模型不能准确反映结构的变形与内力特性，需建立空间有限元模型，才能得到准确的计算结果。

4.3.2 斜拉桥、悬索桥应考虑几何非线性影响；对其他形式桥梁，当跨径大于300m时宜考虑几何非线性影响。

条文说明

无论跨径大小，斜拉索的垂度效应均需加以考虑。一般情况下，当斜拉索水平投影长度小于150m时，按等效弹性模量公式考虑；否则，需要按弹性悬链线理论等更精确的方法考虑。

对悬索桥，由于主缆和加劲梁在施工过程中变形较大，需要考虑几何非线性的影响。

已有研究资料表明，几何非线性对内力、位移影响因跨径、结构具体形式、施工阶段、应力水平和截面位置而异。对跨径大于300m的拱桥、梁桥，对内力影响最大者（如拱桥的拱顶）可能达5%，对竖向位移影响最大者（如拱顶等个别截面）可能达6%。因此，几何非线性的影响不能忽略。

4.3.3 悬索桥采用有限元模型计算时，应先确定主缆空缆状态。

条文说明

悬索桥主缆空缆状态确定是根据分段悬链线、分段直线或抛物线等理论，考虑主缆的力学和位移边界条件，通过迭代计算，确定主缆各索段的几何要素和力学要素，以使理论上成桥主缆线形与设计相吻合的过程。

4.4 控制计算模型

4.4.1 控制计算模型应包括节点信息、单元信息、材料信息、截面信息、荷载信息、时间信息、边界条件等。

条文说明

节点信息包括节点坐标、节点耦合信息。节点耦合信息主要有刚接节点、铰接节点、链杆节点、双连杆连接节点等。

单元信息一般包括单元类型、单元截面号、单元节点号。

材料信息主要有材料弹性模量、重度、线膨胀系数、混凝土的收缩与徐变参数、钢筋松弛参数等。

时间信息有单元存活开始时间和单元存活终止时间、节点耦合成立的开始时间和终止时间（刻）、混凝土终凝时间、计算时间、索单元存活开始时间、斜拉索调索时间等。同一模型中的各种时间均是指距同一时刻的时间长短，通常用天表示。

4.4.2 在杆系模型中，宜采用下列单元：

1 斜拉索、吊索、柔性系杆、主缆，宜采用索杆单元。

2 桥墩、立柱、主梁、主拱，宜采用梁单元；曲线构件宜用折线代替，每段折线为一个梁单元；变截面构件宜用多段等截面代替，每段为一个梁单元。

3 承台等大体积构件宜采用刚臂单元。

4 基础可采用弹簧单元，其刚度系数可用 m 法计算得到。对以砂砾土、块石土、岩石等为地基的基础，基础单元也可直接在地面（局部冲刷线）以下 3 ~5 倍桩径处固结。

条文说明

m 法是计算土体弹性抗力系数的一种方法，该方法假定土体的弹性抗力系数随着深度线性变化，具体见《公路桥涵地基与基础设计规范》（JTG 3363—2019）附录 L。

刚臂单元一般采用截面刚度足够大（1 000 倍正常单元的截面刚度）的单元表征。

已有研究表明，以砂砾土、块石土、岩石等为地基的桩基在横向荷载作用下，桩基弯矩第一个零点在地面（局部冲刷线）以下 2 ~3 倍桩径处，桩基在 3 ~5 倍桩径处固结可以简化计算模型，计算精度也能满足要求。

4.5 几何状态计算

4.5.1 梁桥几何状态控制计算结果应包括下列内容：

1 收缩、徐变影响结束时的桥墩和主梁线形；

2 成桥时的桥墩和主梁线形；

3 主梁施工过程各阶段线形；

4 预制主梁节段的制造构形。

条文说明

收缩、徐变影响结束时间一般指成桥后10年，具体见《公路钢筋混凝土及预应力混凝土桥涵设计规范》（JTG 3362—2018）附录C中第C.2.3条的条文说明。

4.5.2 拱桥几何状态控制计算结果应包括下列内容：

1 主拱圈收缩、徐变影响结束时的拱轴和桥面线形；

2 成桥时主拱圈拱轴和桥面线形；

3 主拱圈和梁体施工过程各阶段线形；

4 预制拱圈和梁体节段的制造构形；

5 吊索与系杆的无应力长度。

4.5.3 斜拉桥几何状态控制计算结果应包括下列内容：

1 收缩、徐变影响结束时的主梁线形、塔顶变位；

2 成桥时主梁线形、塔顶变位；

3 主梁施工过程各阶段线形、塔顶变位；

4 索导管安装角度；

5 预制主梁节段和预制索塔节段的制造构形；

6 斜拉索无应力长度；

7 索塔线形。

条文说明

索塔线形包括索塔的塔柱、横梁、钢锚梁（钢横梁）等线形。

4.5.4 悬索桥几何状态控制计算结果应包括下列内容：

1 收缩、徐变影响结束时的加劲梁线形、塔顶变位；

2 成桥时的主缆线形、塔顶变位、索鞍位置、索夹位置、加劲梁线形；

3　主缆基准索股架设时的线形及索鞍位置、主缆一般索股架设时的线形；

4　加劲梁架设过程中各阶段加劲梁线形、加劲梁节段端面空间状态、索鞍位置、索夹位置；

5　预制加劲梁和预制索塔的制造构形；

6　吊索与主缆索股的无应力长度。

条文说明

端面空间状态包括轴线端面坐标和端部截面法线方向的方位角。

4.5.5　组合体系桥梁几何状态控制计算，可参照本规程第4.5.1～4.5.4条的规定，并考虑组合体系桥梁的特殊要求确定。

4.6　内力状态计算

4.6.1　梁桥内力状态控制计算结果应包括下列内容：

1　收缩、徐变影响结束时，主梁、桥墩控制截面应力；

2　成桥时主梁、桥墩控制截面应力；

3　各施工阶段主梁、桥墩控制截面应力；

4　合龙时结构配重及顶推力。

4.6.2　拱桥内力状态控制计算结果应包括下列内容：

1　收缩、徐变影响结束时，主拱圈控制截面应力、系杆及吊索索力；

2　成桥时主拱圈控制截面应力、系杆及吊索索力；

3　上部结构施工过程中主拱圈控制截面应力、系杆及吊索索力；

4　采用斜拉扣挂施工的拱桥，各施工阶段的扣索和背索索力。

4.6.3　斜拉桥内力状态的控制计算结果应包括下列内容：

1　收缩、徐变影响结束时，主梁、索塔控制截面应力与斜拉索索力；

2　成桥时主梁、索塔控制截面应力与斜拉索索力；

3　各施工阶段主梁、索塔控制截面应力与斜拉索索力；

4　各施工阶段的支座反力。

4.6.4　悬索桥内力状态的控制计算结果应包括下列内容：

1　成桥时主缆和吊索的索力；

2　成桥时索塔、加劲梁控制截面应力；

3　加劲梁施工过程中索塔、加劲梁控制截面应力与吊索索力；

4　自锚式悬索桥体系转换过程中的吊索索力、支座反力。

4.6.5　组合体系桥梁内力状态的控制计算，可参照本规程第4.6.1～4.6.4条的规定，并考虑组合体系桥梁的特殊要求确定。

5 施工监测

5.1 一般规定

5.1.1 桥梁施工监测的参数应包括几何状态参数和内力状态参数两类。

5.1.2 桥梁施工监测的几何状态参数应包括基础沉降、主梁、主拱和主缆的线形，以及索塔和桥墩的偏位。

条文说明

本条所列的几何状态参数只是桥梁施工监测的基本要求。在具体实施中，可以根据实际监控需要，增加其他需要的几何状态监测参数。

5.1.3 桥梁施工监测的内力状态参数应包括主梁、主拱、索塔、桥墩等构件控制截面的应力，以及主缆、斜拉索、吊索、系杆等构件的内力。

条文说明

本条所列的内力状态参数只是桥梁施工监测的基本要求。在具体实施中，可以根据实际监控需要，增加其他的内力状态监测参数。

主梁包括梁桥和斜拉桥的主梁、悬索桥的加劲梁、刚性梁拱桥的主梁。采用斜拉扣挂方法施工的拱桥的扣索、背索，由于其对主拱的线形、内力及安全都非常重要，因此需要进行内力监测。

5.1.4 当温度、风等环境参数对桥梁施工过程的结构几何状态或内力状态有明显影响时，应对环境参数进行监测。

5.1.5 对温度变化敏感的参数，应在温度场稳定的时间段进行监测。

条文说明

主梁和主拱高程、主缆线形、斜拉索索力、索塔偏位等对温度场变化比较敏感，一般选择温度场比较稳定的时段（如晚上10点至次日凌晨日出前）进行。如果无法满足条件，则需考虑温度的影响。

5.1.6 施工监测所用测试设备及传感器的精度应满足桥梁施工监控的需要。

5.2 监测参数

5.2.1 梁桥监测参数应包括下列内容：

1 基础沉降；

2 主梁线形、应力、温度；

3 桥墩应力；

4 成桥桥面线形。

条文说明

梁桥施工监控的重点在主梁的线形和内力，所以其施工监测的重点是主梁线形和控制截面的应力。

5.2.2 拱桥监测参数应包括下列内容：

1 主拱圈线形、应力；

2 拱座位移；

3 连拱桥墩的变位；

4 中承式和下承式拱桥的吊索、系杆索力；

5 斜拉扣挂施工中的索塔偏位、扣索与背索索力；

6 成桥桥面线形。

条文说明

对采用斜拉扣挂方法施工的拱桥，索塔变形、扣索索力对主拱施工过程中的安全以及主拱的线形和应力均有很大影响，因此需要进行施工监测。

5.2.3 斜拉桥监测参数应包括下列内容：

1 基础沉降；

2 索塔偏位、应力；

3 主梁线形、应力、温度；

4 斜拉索索力；

5 成桥桥面线形。

条文说明

斜拉桥的斜拉索索力对主梁线形和内力的影响显著，在施工过程中需对斜拉索索力进行全面的施工监测。

5.2.4 悬索桥监测参数应包括下列内容：

1 索塔偏位、应力；

2 锚碇空间位置；

3 主缆线形、索力、温度、索鞍偏位；

4 加劲梁线形、应力；

5 索夹位置、吊索索力；

6 成桥桥面线形。

条文说明

悬索桥的监测重点是主缆线形（尤其是基准索股的线形），因为主缆线形直接影响到加劲梁线形和吊索长度。索塔偏位监测数据对确保索塔内力不超标、确定索鞍顶推时机等都具有重要价值。

5.2.5 组合体系桥梁的施工监测参数，可参照本规程第 5.2.1 ~ 5.2.4 条的规定，并考虑组合体系桥梁的特殊要求确定。

5.2.6 施工监测参数应有原始记录，记录表格可采用本规程附录 A 的格式。

5.3 监测截面及测点布置

5.3.1 桥梁线形监测截面及测点布置应符合下列规定：

1 基础（锚碇）沉降监测截面应设置在基础（锚碇）顶面，一个截面的测点数不宜少于 4 个。

2 桥墩、索塔偏位监测截面应设置在桥墩、索塔顶面，每个截面的测点数不宜少于 1 个。

3 对悬臂施工的主梁，其监测截面应设置在各梁段顶面的前端附近，每个截面的测点数不应少于 3 个；对其他方式施工的主梁，其监测截面应设置在支点、跨中、四分点，每个截面的测点数不应少于 3 个。

4 主拱圈监测截面应设置在拱脚、四分点、拱顶，当跨径大于 100m 时，宜适当增加监测截面，每个截面的测点数不应少于 2 个；对分段施工的主拱圈，每段应设置 1 个监测截面，每个截面的测点数不应少于 2 个；对多肋拱圈，同一截面的每个肋测点数不应少于 1 个。

5　悬索桥主缆监测截面应设置在索鞍、主缆最大垂度处、主跨四分点、边跨二分点，每个截面的测点数不应少于1个。

6　成桥桥面线形监测截面应设置在支点、跨中、四分点、八分点，每个截面的测点数不应少于2个。

条文说明

桥梁墩柱、索塔在施工过程中往往会由于不对称受力而产生沿不对称受力方向的偏位，需要对其偏位情况进行监测，以便及时采取措施进行调整。例如采取不对称施工的梁桥，墩柱产生偏位后需要采取压重措施予以调整；斜拉桥索塔产生偏位后需要采取压重或调索措施进行调整；悬索桥索塔产生偏位后需要采取顶推索鞍措施予以调整。

在实际的桥梁施工监控中，梁段顶面前端附近一般指距离前端面约10~20cm的范围。

顶推施工的桥梁，主梁的线形测点监测截面需要根据计算确定。分段施工包括悬臂节段施工、多段吊装等施工方法。

5.3.2　结构应力或内力监测截面及测点布置应符合下列规定：

1　桥墩、索塔应力监测截面宜选择桥墩、索塔底面附近的应力控制截面，每个截面的测点数不应少于4个。

2　梁桥主梁应力监测点宜布置在主梁墩顶附近、中跨跨中、中跨四分点以及其他应力控制截面的上、下缘，每个截面测点数不应少于4个；多跨桥梁应力监测的跨数不应少于2跨。

3　拱桥主拱圈应力监测点宜布置在拱脚、四分点、拱顶以及其他应力控制截面的上下缘，每个截面测点数不应少于4个；多跨桥梁应力监测的跨数不应少于2跨。

4　斜拉桥主梁和悬索桥加劲梁应力监测点应布置在控制截面，且主跨监测截面不应少于3个，每个截面的测点数不应少于4个。

5　索力监测应根据测试方法确定测试位置，每根索的测点数不应少于1个。

条文说明

桥梁的墩、塔底附近截面经常会出现变截面的情况，应力监测通常选择应力控制截面而不是内力控制截面，以利于保证结构安全。

主梁应力监测截面布置，需要选择主梁施工过程中的应力控制截面，梁桥一般为墩顶附近截面、中跨跨中截面、中跨四分点截面等。

主梁墩顶附近是指沿主梁轴线方向距离墩顶侧面0~3m的主梁范围。

梁桥中跨是指一联桥梁的中间桥跨。如3跨一联的梁桥，中跨是指第2跨；对3跨以上一联的梁桥，中跨是指除首尾两边跨以外的所有桥跨。

本条中对最少测点数的要求是针对单箱单室混凝土箱梁的应力测点布置的。对其他截面形式的主梁应力监测截面的测点布置，以能满足控制主梁截面应力监测为目的，根据主梁截面形式和截面宽度适当增加应力测点。

5.3.3 温度监测截面及测点布置应符合下列规定：

1 钢箱梁温度监测截面宜设置在标准梁段，监测截面不应少于1个，测点应布置在钢箱梁外表面的上、下位置，每个截面的测点数不宜少于6个。

2 混凝土箱梁温度监测截面宜设置在典型断面，测点应布置在箱梁的周边，每个截面的测点数不宜少于6个。

3 悬索桥主缆温度监测截面宜布置在主跨跨中、主跨四分点和索塔附近，每个截面的测点数不宜少于2个。

条文说明

钢箱梁温度监测的目的是监测钢箱梁的日照温差及季节性温差，以便分析主梁线形及应力受各种温差的影响。

混凝土箱梁的周边是指混凝土箱梁的顶板、底板及腹板。根据温度梯度测试的需要，有针对性地布置温度测点。

5.4 监测频度

5.4.1 线形监测频度应不低于下列要求：

1 桥墩、索塔偏位在裸墩（塔）、合龙前、桥面铺装完成后应各进行1次测试；对斜拉桥、悬索桥，在每一节段主梁施工完成后，均应进行1次测试。

2 梁桥线形在挂篮或桥面起重机就位后、主梁混凝土浇筑或节段安装后、预应力张拉后应各进行1次测试；合龙前，应对合龙口高程进行24h内间隔2h的连续测试；桥面铺装完成前后应各测试1次。

3 分段施工的拱桥线形在每一主拱圈节段施工完成后应进行1次测试；整体现浇施工的拱桥，在每一层混凝土浇筑完成后应进行1次测试；桥面施工过程中应进行不少于2次测试。

4 斜拉桥主梁线形在主梁混凝土浇筑或节段安装后、每一组斜拉索张拉后应各进行1次测试；合龙前，应对合龙口高程进行24h内间隔2h的连续测试；全桥合龙后调索前后应各测试1次；桥面铺装完成前后应各测试1次。

5 悬索桥主缆线形和索鞍空间位置在基准索股架设完成后、一般索股架设完成后、加劲梁安装前、加劲梁安装后、桥面铺装完成后应各进行1次测试；加劲梁线形在加劲梁安装后、桥面铺装完成后应各进行1次测试。

5.4.2 内力监测频度应不低于下列要求：

1 桥墩、索塔应力监测在裸墩（塔），主梁施工过程完成1/4、1/2、3/4，合龙前后及桥面铺装完成后应各进行1次测试。

2 梁桥主梁应力监测在每施工一个节段后宜进行1次测试，在桥面铺装完成前后应各进行1次测试。

3 分段施工的拱桥主拱圈应力监测在每一主拱圈节段施工后应进行1次测试；整体现浇施工的拱桥，在每一层混凝土浇筑完成后应进行1次测试；桥面铺装施工前后应各进行1次测试；系杆索力监测在每次张拉完成后应进行1次测试。

4 斜拉桥主梁应力监测在每施工一个节段后应进行1次测试。

5 悬索桥加劲梁应力监测在加劲梁施工完成后、桥面铺装完成后应各进行1次测试；钢桁加劲梁应力监测应根据控制计算结果增加测试次数。

6 吊索索力监测在吊索安装完成后对当前索应进行1次测试，成桥后对全部索应各进行1次测试。

7 斜拉索索力监测在每次索张拉完成后对当前索及相邻索应进行1次测试，全桥合龙前后、调索前后、成桥后对全部索应各进行1次测试。

条文说明

主梁施工完成1/4、1/2、3/4是单个桥墩、单个索塔支承的主梁施工完成的长度（节段数）比例。例如单个桥墩独立支承的主梁长度为100m，则主梁施工完成1/4、1/2、3/4分别为该桥墩支承的主梁施工完成25m、50m、75m。

由于钢桁加劲梁悬索桥的桥面板、调平层、沥青铺装层等的质量通常比钢桁加劲梁本身要大，应力变化较大除了发生在加劲梁施工完成后和桥面铺装完成后，还发生在桥面板施工、调平层施工等阶段，因此在该施工阶段需要根据控制计算结果增加钢桁加劲梁的应力监测次数。

5.4.3 合龙期间的环境温度监测，应在合龙前每隔2h进行1次测试，测试总次数不宜少于12次。

条文说明

合龙前，对环境温度进行间隔为2h的连续测试，同时对合龙口梁端高程进行测试，找出合龙口梁端高程与环境温度的对应关系，并根据合龙前的天气预报情况，确定最佳合龙温度和合龙时间。

5.5 监测仪器及元件

5.5.1 线形监测可采用水准仪、全站仪、垂准仪，其分辨率应能满足施工监测需要。

5.5.2 应力监测可采用振弦式传感器、光纤式传感器、电阻应变式传感器，其分辨率应不低于1$\mu\varepsilon$。

5.5.3 温度监测可采用铂式热电阻温度传感器、热电偶点温计，其分辨率应不低于0.1℃。

5.5.4 索力监测可采用动测仪、压力传感器、微波雷达，其分辨率应能满足施工监测需要。

6 数据分析与反馈控制

6.1 一般规定

6.1.1 数据分析与反馈控制应包括下列内容：

1 识别当前桥梁结构几何状态和内力状态，判别是否处于预测状态。

2 预测桥梁施工误差对后续施工过程结构几何状态和内力状态的影响。

3 确定是否对施工过程预测数据、施工方案实施调整。

条文说明

桥梁施工内力状态、几何状态等识别的主要目的是判断当前工况下，结构实际状态（如高程、线形、内力等）是否与通过施工跟踪计算得出的理论状态（即预测状态）相符，或结构实际状态与理论状态间存在误差情况。

桥梁施工是否处于预测状态（误差限值范围）的判断主要通过将现场监测数据与依据施工模拟计算事先制定的控制目标状态数据的比较分析得出。

当桥梁施工过程偏离控制目标状态时，需对其误差的影响程度进行分析，重点是对下一阶段施工目标状态的影响预测及对桥梁施工控制最终目标的影响分析，从而为是否对桥梁施工过程预测数据或施工方案进行调控提供决策依据。

对施工过程预测数据或施工方案是否实施调整或变更，需根据桥梁施工误差影响预测分析结果进行判断。对与施工方案关系不大的误差影响，可以通过调整施工过程测控数据实现调控。例如，对当前结构状态进行调整（如悬索桥主缆基准索线形调整、斜拉桥斜拉索索力调整、系杆拱桥系杆力调整等），或对下一阶段施工参数进行调整（如预应力混凝土连续梁桥、连续刚构桥节段浇筑立模高程调整等）；对与施工方案直接相关的误差，则需变更既有施工方案。

6.1.2 数据分析与反馈控制应以监测数据、材料参数及施工荷载等为依据。

条文说明

本条所指的监测数据只是数据分析与反馈控制的基本要求。在具体实施中，可以根据实际控制需要，增加相应的监测数据，如混凝土收缩和徐变、温度、风速等。

6.1.3 成桥状态桥面目标线形应通过桥梁施工模拟计算确定，并在施工过程中根据需要进行调整。

条文说明

通常，设计文件中会给出成桥状态桥面目标线形，也就是成桥预拱度值。由于设计时的相关参数在施工过程中可能发生变化，因此无论设计文件中是否给出成桥状态桥面目标线形要求，施工监控均需根据设计文件和施工组织设计，针对实际参数情况进行桥梁施工模拟计算（对混凝土结构，需计入后期混凝土收缩、徐变影响），从而确定成桥状态桥面目标线形。

桥梁施工模拟计算得到的成桥状态桥面目标线形经设计认可后，即成为成桥目标线形，供施工监控和交工验收使用。

由于在桥梁施工过程中，桥梁施工模拟计算采用的参数还可能出现变化，因此，还需根据施工控制结果，对成桥状态桥面目标线形进行调整，调整后的结果仍然需要经过设计的确认。

6.2 监测数据分析

6.2.1 施工监测数据应按本规程第6.2.2～6.2.6条的规定进行分析，提高其准确性和可靠性。

条文说明

桥梁施工过程中监测数据的准确性受测试环境、测试精度等多种因素的影响，为了提高监测数据的准确性和可靠性，需对影响监测数据的各种因素及其影响进行分析，并剔除其影响（例如在某一大气温度下测得的相关数据需将其换算到标准温度下的数据等）。一方面，结构体系温差以及构件截面温度梯度难以避免，另一方面，其对钢结构与缆索承重结构桥梁几何状态、内力影响又很大。对一天来讲，可以通过限制监测时间［如晚上10点至次日凌晨日出前温度稳定时段进行高程、位移（变形）测量］规避温度变化的影响，但对一年来讲，难以做到在相同温度下进行测量。所以，需要将在非设计温度（控制基准温度）下实测到的数据换算成设计温度下的数据，为反馈控制使用。

对结构不同部件间温差的影响，主要体现在桥梁主体结构与附属结构之间存在温度差。在施工监控中需要特别注意结构不同部件间温差的影响。

桥梁施工跟踪计算是监测数据真实性识别的基础，所以，要求计算模型符合桥梁施工过程实际，能够反映结构的真实内力状态与几何状态，分析采用的基准参数（如温度）正确、统一。

对难以采用理论手段分析的影响因素，如混凝土水化热对应力（应变）测试的不利影响，可以通过现场试验方法进行分析。

6.2.2 荷载监测数据分析中应考虑下列因素：

1 混凝土密度、桥面铺装密度及其变化；

2 结构尺寸变化；

3 临时荷载作用。

6.2.3 混凝土结构应力监测数据分析中宜考虑下列因素：

1 大体积混凝土水化热；

2 混凝土弹性模量变化；

3 结构体系温差；

4 混凝土收缩与徐变。

6.2.4 钢结构应力监测数据分析中应考虑下列因素：

1 结构体系温差与构件截面温度梯度；

2 结构不同部件之间的温差。

6.2.5 索力监测数据分析中应考虑下列因素：

1 索的垂度；

2 索的约束条件；

3 结构体系温差。

6.2.6 高程、位移监测数据分析中应考虑下列因素：

1 施工设备（挂篮、扣索）变形；

2 结构体系温度；

3 桥墩弹性压缩变形。

条文说明

本规程第6.2.2~6.2.6条中所列为需要考虑的基本因素。在具体的施工监控中可能还有其他需要计入的影响因素。

6.3 误差及其影响分析

6.3.1 桥梁施工过程中的几何状态和内力状态可通过施工跟踪计算值与经过数据分析后的施工监测值之间的比较进行识别。

6.3.2 桥梁施工过程中，施工监测值与施工跟踪计算值之间的误差限值宜符合表6.3.2的规定。

表 6.3.2　结构内力状态和几何状态误差限值

项目				误差限值
结构应力	混凝土结构	计算值不大于 10MPa		±2.0MPa
		计算值大于 10MPa		±20%，且不超过 ±4.0MPa
	钢结构	计算值不大于 100MPa		±10.0MPa
		计算值大于 100MPa		±10%，且不超过 ±20.0MPa
索力	斜拉桥拉索	钢主梁斜拉桥		±5%
		混凝土主梁斜拉桥		±10%
	系杆拱系杆索			±5%
	悬索桥主缆锚固端索股			±5%
	悬索桥吊索（杆）、中下承式拱桥吊索（杆）			±10%
高程、高差、倾斜度	梁桥	悬臂浇筑施工主梁各节段完成时的高程		±20mm
		悬臂浇筑施工主梁合龙口相对高差		20mm
	拱桥	缆索吊装主拱圈高程	跨径不大于 60m	±20mm
			跨径大于 60m	±*L*/3 000，且不大于 50mm
		劲性骨架施工主拱圈高程		±*L*/3 000，且不大于 50mm
		悬臂浇筑主拱圈高程	跨径不大于 60m	±20mm
			跨径大于 60m	±*L*/3 000，且不大于 30mm
		悬臂浇筑主拱圈合龙口相对高差		20mm
	斜拉桥	索塔倾斜度		塔高的 1/3 000，且不大于 30mm
		悬臂浇筑混凝土主梁各节段完成时的高程		±20mm
		混凝土主梁合龙口相对高差		20mm
		悬臂拼装钢主梁各节段完成时的高程		±15mm
		钢主梁合龙口相对高差		10mm
	悬索桥	索塔倾斜度		塔高的 1/3 000，且不大于 30mm
		主缆基准索架设后线形（高程）	索股主跨跨中	跨径的 ±1/20 000
			边跨跨中	主跨跨中的 2 倍
		上下游基准索股高差		10mm
		主缆形成过程中基准索和其他观测索股线形（高程）		−5mm，+10mm

条文说明

本条中所列参数误差控制值是施工过程中的施工监测值与施工跟踪计算值之间的误差控制值，与成桥时的相应误差并非完全一致。为确定参数误差控制标准值，本规程收集并分析了122座梁桥、44座拱桥、72座斜拉桥以及17座悬索桥施工监控资料。从已有资料看，施工监控参数误差控制标准值取值范围较大，主要参数误差取值情况如下：

混凝土结构应力：对59座梁桥的混凝土结构应力控制资料进行统计分析，当混凝土结构应力理论值大于10.0MPa时，其结构应力绝对误差在±3.0MPa内，应力相对误差基本控制在20%内；而当理论值小于10.0MPa时，大部分桥梁结构应力绝对误差能控制在±2.0MPa内，应力相对误差多数在30%以下。

钢结构应力：对25座钢斜拉桥的结构应力控制资料进行统计分析，当钢结构应力理论值大于60.0MPa时，其结构应力绝对误差在±10.0MPa内，应力相对误差基本控制在10%内；而当理论值小于60.0MPa时，大部分桥梁结构应力绝对误差能控制在±6.0MPa内，应力相对误差多数在20%以下。

索力：从已有资料来看，索力误差主要为±5%，但对悬索桥吊索（杆）和中下承式拱桥吊索（杆）而言，由于索长较短，边界条件影响较大，其索力测试误差较大。

梁桥高程：悬臂浇筑混凝土主梁各节段完成时的高程允许误差为±10～±30mm，主要集中在±20mm；悬臂浇筑施工混凝土主梁合龙口相对高差为10～30mm，主要集中在15～20mm。

拱桥高程：拱式桥高程误差与跨径和施工方法有关，缆索吊装主拱圈高程为±10～±50mm；劲性骨架施工主拱圈高程为±8～±50mm；悬臂浇筑主拱圈高程为±10～±30mm。

斜拉桥高程：混凝土主梁浇筑高程为±10～±40mm，主要在±15～±20mm；混凝土主梁合龙口相对高差为10～30mm，多数为20mm；钢主梁安装高程为±5～±30mm，主要在±10～±15mm；钢主梁合龙口相对高差为10～20mm，多数为10mm。

悬索桥高程：主缆基准索股高程为±10～±15mm，多数为±10mm。

本规程根据已有桥梁施工监控参数误差取值情况、桥梁结构特点并结合现行《公路桥涵施工技术规范》（JTG/T 3650），综合提出施工监测值与施工跟踪计算值之间的误差限值。

本条所列为施工监控中的常见内容，在具体实施中，可以根据实际控制需要，研究确定其他参数误差限值的合理取值。

6.3.3 桥梁成桥状态的结构几何线形及索力误差应满足现行《公路工程质量检验评定标准　第一册　土建工程》（JTG F80/1）的要求。

条文说明

按有关文件和标准的要求，桥梁成桥状态的结构几何线形和索力需满足现行《公路工程质量检验评定标准　第一册　土建工程》（JTG F80/1）的要求，才能通过交（竣）工验收。除索力外，结构其他内力误差在现行《公路工程质量检验评定标准　第一册　土建工程》（JTG F80/1）中未进行规定，故本条未专门提出成桥阶段要求，只要满足本规程第 6.3.2 条的规定即可。

6.3.4　桥梁施工过程中，当施工监测数据与施工跟踪计算结果之间的误差超过本规程第 6.3.2 条的限值时，应分析误差对结构几何状态和内力状态的影响，根据分析结果，采取本规程第 6.4 节的反馈控制措施。

6.4　反馈控制

6.4.1　桥梁施工监控反馈控制应符合下列要求：

1　桥梁的几何状态误差超出本规程限值时，可根据本规程第 6.4.2 条提出已成结构状态调整要求和下阶段施工的调控参数。

2　桥梁的内力状态误差超出本规程限值时，可根据本规程第 6.4.3 条提出施工状态调整改进办法、下阶段施工的调控参数、补救措施。

3　当桥梁的误差超出本规程限值且无法按本条第 1、2 款调整时，应专门研究处理。

条文说明

桥梁施工过程中出现误差难以避免。对施工误差进行调整或针对可能危及结构安全的状态进行预警是施工监控中安全控制的基本要求。监控单位需要准确把握，及时提出针对所有参建单位的调整、采取安全保障措施或暂停施工的建议。

误差及其影响较小时，监控单位根据误差情况采取调整措施。

当误差及其影响严重或危及安全时，采取常规的手段可能难以达到调整或保证质量与安全的目的，因此，需要监控单位及时预警，提出暂停施工建议，并在必要时采取安全保障措施，以免发生安全事故；同时，及时进行专题论证，提出解决方案，如调整施工工艺、改变施工方法等。

6.4.2　桥梁施工过程的几何状态可采取下列措施进行调控：

1　对几何状态可调整的桥梁，可在当前施工状态下直接调整下列参数：

1）拱桥主拱圈悬臂安装高程；中、下承式拱桥非连续桥道梁结构桥面高程。

2）斜拉桥主梁施工过程高程、成桥桥面线形。

3）悬索桥基准索线形；索塔索鞍；加劲梁施工过程高程；成桥桥面线形。

2　对几何状态不可调整的桥梁，可在后续施工阶段调整施工过程立模或安装高程。

3　组合体系桥梁可参照本条第 1、2 款的规定，并考虑组合体系桥梁的特殊要求确定。

6.4.3 桥梁施工过程的内力状态可采取下列措施进行调控：

1 对混凝土梁桥悬臂施工过程中的结构应力，可调整临时荷载大小、位置。

2 对采用临时配重进行钢桁结构安装的配重区局部杆件应力，可调整临时配重大小、位置。

3 当因施工方案导致结构受力不利时，可采取调整方案、局部加固或增设辅助设施等措施。

条文说明

桥梁施工过程结构内力超过限值原因很多，例如：①临时荷载超限或位置不正确；②桥梁结构施工过程分析不全面深入，导致局部高应力未纳入控制，施工工序（工艺）不合理；③桥梁结构设计本身与所采取的施工方法不完全匹配，缺少相应的辅助措施；④施工监控技术与施工管理差，导致结构控制性受力部位失控，或未及时监测到结构受力，或监测到结构不利内力状态但未得到及时处置等。

为实现桥梁施工过程结构安全控制目标，需要采取切实有效的措施实施反馈控制。

7 监控成果

7.0.1 桥梁施工监控成果应包括施工监控方案、设计符合性计算报告、施工监控阶段报告、施工监控总报告以及施工过程中提交的相关监测数据与反馈控制文件。

7.0.2 施工监控方案宜包括工程概况、监控依据与目标、工作内容、监测实施、控制方法、人员及设备安排等内容。

条文说明

施工监控方案主要是指在施工监控实施以前对桥梁施工监控的工作思路和监控方法等进行的总体计划和安排。

7.0.3 设计符合性计算报告宜包括工程概况、计算依据、计算模型、施工过程计算、运营阶段计算等内容。

条文说明

设计符合性计算报告主要是在桥梁施工监控实施以前对桥梁进行从施工阶段到运营阶段的结构整体计算，目的是对设计进行复核，并检验监控计算模型的正确性。

7.0.4 施工监控阶段报告宜包括工程概况、监控依据、监控内容、几何状态监控、内力状态监控、阶段施工异常情况分析与处理，本阶段工作总结及下阶段工作建议等内容。

条文说明

施工监控阶段报告是在施工监控过程中分阶段完成，对一定阶段（周、月、季度等，通常为月）内的施工监控工作进行的总结和分析。内容包括对结构的线形、应力（应变）、索力等参数进行计算、监测、分析、反馈控制、异常情况分析处理等。

7.0.5 施工监控总报告宜包括工程概况、监控依据与目标、监控内容、控制计算、几何状态监控、内力状态监控、结论及建议等内容。

条文说明

施工监控总报告是在监控工作完成后，对整个施工监控过程的总结和分析。内容包括对结构的线形、应力（应变）、索力等参数进行计算、监测、分析、反馈控制等。

附录 A　桥梁施工监测常用记录表

表 A-1　应力（应变）监测记录表

监控单位名称：　　　　　　　　　　　　　　　　　　　　编号：

工程名称		施工单位	
工程部位		结构形式	
测试时间		仪器设备名称及编号	
天气状况		气　　温	
测试工况			

监测截面	测点编号	传感器编号	测试值（με）	监测截面	测点编号	传感器编号	测试值（με）
备注：							

测试：　　　　　　　　校核：　　　　　　　　　　　　日期：　　年　　月　　日

表 A-2　高程测量记录表

监控单位名称：　　　　　　　　　　　　　　　　　　　　　　编号：

工程名称		施工单位	
工程部位		结构形式	
测试时间		仪器设备名称及编号	
天气状况		气　　温	
测试工况			

监测截面	测点编号	实测高程（m）	监测截面	测点编号	实测高程（m）

备注：

测量：　　　　　　　　　　校核：　　　　　　　　　　日期：　　年　　月　　日

表 A-3　线形测量记录表

监控单位名称：　　　　　　　　　　　　　　　　　　编号：

工程名称		施工单位	
工程部位		结构形式	
测试时间		仪器设备名称及编号	
天气状况		气　温	
测试工况			

测点编号	实测坐标（m）			测点编号	实测坐标（m）		
	X	*Y*	*Z*		*X*	*Y*	*Z*
备注：							

测量：　　　　　　　校核：　　　　　　　　　　日期：　　年　　月　　日

表 A-4　动测法测索力记录表

监控单位名称：　　　　　　　　　　　　　　　　　　　　　　编号：

工程名称		施工单位	
工程部位		结构形式	
测试时间		仪器设备名称及编号	
天气状况		气　　温	
测试工况			

索编号	索单位长度质量（kg/m）	索计算长度（m）	实测基频（Hz）

备注：

测试：　　　　　　　　校核：　　　　　　　　　　　　日期：　　年　　月　　日

本规程用词用语说明

1　本规程执行严格程度的用词，采用下列写法：

1）表示很严格，非这样做不可的用词，正面词采用“必须”，反面词采用“严禁”；

2）表示严格，在正常情况下均应这样做的用词，正面词采用“应”，反面词采用“不应”或“不得”；

3）表示允许稍有选择，在条件许可时首先应这样做的用词，正面词采用“宜”，反面词采用“不宜”；

4）表示有选择，在一定条件下可以这样做的用词，采用“可”。

2　引用标准的用语采用下列写法：

1）在规程总则中表述与相关标准的关系时，采用“除应符合本规程的规定外，尚应符合国家和行业现行有关标准的规定”；

2）在规程条文及其他规定中，当引用的标准为国家标准和行业标准时，表述为“应符合《××××××》（×××）的有关规定”；

3）当引用本规程中的其他规定时，表述为“应符合本规程第×章的有关规定”、“应符合本规程第×.×节的有关规定”、“应符合本规程第×.×.×条的有关规定”或“应按本规程第×.×.×条的有关规定执行”。